देवताओं के वाहन

विष्णु और शेषनाग

शुभा विलास

Om KIDZ
An imprint of Om Books International

शेषनाग ऋषि कश्यप के यहाँ जन्मे पहले पुत्र थे। उन्हें अपने पिता की सरलता और धार्मिकता विरासत में मिली थी।

इसलिए, वे अपनी दुष्ट माँ कद्रू और अपने भाइयों से परेशान थे क्योंकि उन्होंने अपनी सौतेली माँ विनता को धोखा देकर उन्हें अपनी दासी बना लिया था।

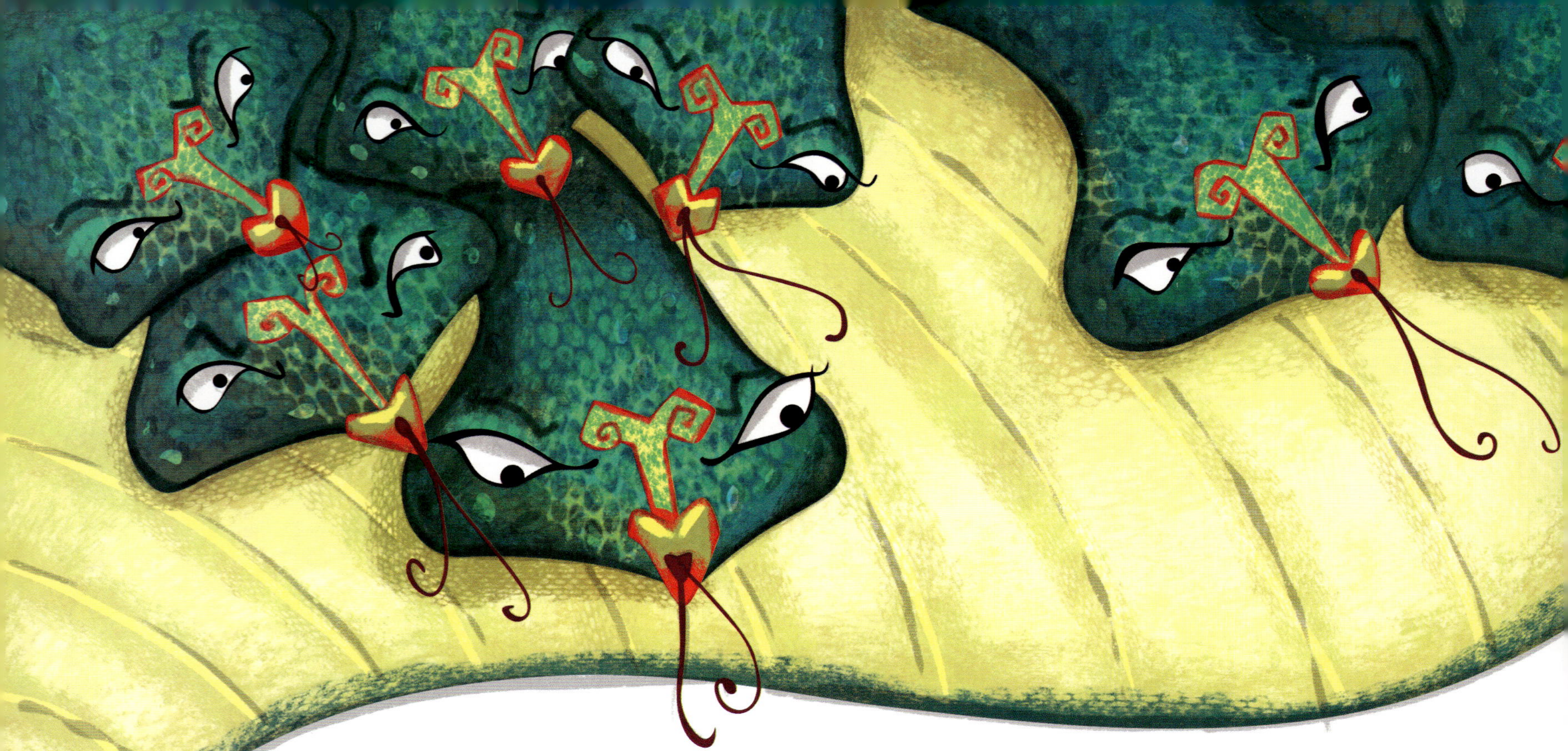

एक बार, दिव्य अश्व उच्चैश्रवा की पूँछ के रंग के संबंध में विनता के साथ शर्त लगाने के बाद, कद्रू ने अपने हज़ार सर्प-पुत्रों को पूँछ के चारों ओर लिपटने के लिए कहा ताकि वह काली दिखाई दे।

विनता को धोखा देकर कद्रू ने शेषनाग का स्नेह खो दिया। वे अपनी माँ और अन्य भाइयों की धूर्तता और बुरे कर्मों से तंग आ चुके थे। वे घोर अन्याय से पूर्ण थे।

शेषनाग ने सोचा कि वे विनता की सहायता कैसे कर सकते हैं। कद्रू और उनके भाइयों ने किसी भी तर्क या प्रार्थना को सुनने से मना कर दिया। निराश होकर शेषनाग ने घर छोड़ दिया। वे अपने स्वार्थी परिवार से यथासंभव दूर जाना चाहते थे।

उनका हृदय अच्छाई और आध्यात्मिकता के मार्ग पर चलना और दूसरों की सहायता करना चाहता था। उनके मन में बहुत सारे विचार उमड़ते हुए उनकी आँखों से आँसू बहने लगे।

सज्जन आत्मा रूप शेषनाग हिमालय पर चले गए। यहाँ उन्होंने अपने मन को ध्यान में लीन करने का निश्चय किया। संभवतः, जब वे शांत हो जाएँगे, तो उन्हें पता चल जाएगा कि जीवन में क्या करना है। अन्न-जल त्यागकर वे केवल वायु पर जीवित रहे।

धीरे-धीरे उनका वज़न दिन-प्रतिदिन कम होने लगा। एक दिन, ब्रह्मा शेषनाग के स्वास्थ्य के बारे में चिंतित हो गए और उनसे बात करने आए। वे देख सकते थे कि शेषनाग को सहायता की आवश्यकता है।

ब्रह्मा ने धीरे से पूछा, “आप अपने आपको इस प्रकार दंडित क्यों कर रहे हैं? मुझे बताइए कि आपका हृदय क्या चाहता है? मैं आपकी सहायता करना चाहता हूँ।”

शेषनाग ने जगतपिता ब्रह्मा को सामने खड़े देखा। उन्होंने कहा, “मेरी दुष्ट माँ और भाइयों को विनता और मेरे सौतेले भाई गरुड़ को धोखा देने में कुछ भी गलत नहीं लगता। मैं इतना दुःखी हूँ कि मैं अपने प्राण त्यागना चाहता हूँ।”

ब्रह्मा महान सर्प के शब्दों से प्रभावित हुए। "मैं जानता हूँ आप सही हैं। परंतु घबराइए नहीं। मैं कद्रू और आपके भाइयों को दंड दूँगा। आप संसार के लिए कुछ क्यों नहीं करते? बताइए, आप क्या चाहते हैं? मैं आपको वरदान दूँगा।"

"मैं सत्य के मार्ग पर चलना चाहता हूँ। मैं मानवजाति की सहायता करना चाहता हूँ। मैं भगवान विष्णु की सेवा करना चाहता हूँ।"

"ऐसा ही होगा," ब्रह्मा ने उन्हें आगे सुझाव दिया। "पृथ्वी अभी बहुत अस्थिर है। यदि आप पृथ्वी को अपने फन पर धारण करेंगे तो वह हिलना बंद कर देगी। इससे पूरी मानवजाति का कल्याण होगा।"

शेषनाग ने धरती माता की सेवा का अवसर तुरंत स्वीकार कर लिया। ब्रह्मा के निर्देशानुसार, उन्होंने पृथ्वी के माध्यम से एक मार्ग ढूँढा और स्वयं को पूरे ग्रहमंडल के चारों ओर लपेट लिया, जिससे ब्रह्मांड स्थिर हो गया। तब से वे धैर्यपूर्वक पृथ्वी को अपने सिर पर धारण किए हुए हैं।

ऐसा कहा जाता है कि यदि शेषनाग थोड़ा-सा भी हिलते हैं तो विवर्तनिक परतें (टेक्टोनिक प्लेटें) खिसक जाती हैं, जिससे भूकंप आता है। पृथ्वी को दृढ़ता से धारण कर, वे न केवल संपूर्ण मानवजाति की, अपितु भगवान विष्णु की भी सेवा करते हैं।

वे वह शय्या हैं जिस पर भगवान विष्णु क्षीर सागर में विश्राम करते हैं। भगवान विष्णु ने उन्हें वरदान दिया कि वे जहाँ भी जाएँगे, सदैव उनके साथ रहेंगे। श्रीराम के साथ लक्ष्मण के रूप में और श्रीकृष्ण के साथ बलराम के रूप में शेषनाग अवतरित हुए।